Hirondelle 2024

– variétés françaises –

●時事フランス語 2024年度版●

Yojiro ISHII
Natsuo NOZAKI
Georges VEYSSIÈRE

Editions ASAHI

音声はこちら
https://text.asahipress.com/free/french/jijifutsu2024/

まえがき

　À la page というタイトルで長年多くのクラスで使用されてきた「時事フランス語」の教科書は，今年度から石井洋二郎・野崎夏生・Georges Veyssière の 3 名よる共著となり，フランス語のタイトルも *Hirondelle* と改めました．大空を飛び回るツバメのように，言葉という翼に乗ってフランスおよびフランス語圏を自由自在に駆け巡っていただきたいという願いがこめられています．

　初級フランス語の学習を終えた人たちを対象に，さまざまな話題を平易かつ明快な文章で提供するという，このシリーズの基本的なコンセプトは変わりません．本書でも政治，経済，歴史，社会，産業，文化，教育，芸術，スポーツ等々，多岐にわたるトピックがとりあげられていますので，学習者はフランス語の基礎を復習しながら，言葉の背景にある社会や文化の多様な広がりを自然に学べるようになっています．

(1) 各課のはじめには簡単な導入文がありますので，テキストに出てくる話題の文脈や背景を知るための参考にしてください．

(2) 注は必要最小限にとどめてあります．語学学習にとって最も大切なのは自分で徹底的に辞書を引くことですから，ぜひその習慣をつけてほしいと思います．

(3) 各課の 4 ページ目には練習問題があります．❶は文法知識を確認するための書き換え問題や穴埋め問題等，❷はばらばらの要素を並べ替えて正しい文を作る問題，❸は本文の内容が正しく理解できているかどうかを問う正誤問題で，いずれもテキストに出てきた文法事項や語彙や表現を応用して作ってあります．また練習問題の後には，今年度からの新しい試みとして，各課の内容を踏まえた質問や課題を « Prenons un peu de hauteur… »（「少し違う角度で考えてみよう」）としてつけてありますので，フランス語で自分の意見を述べる練習として，またはクラスでの発表のテーマとしてぜひ積極的に活用してください．

(4) 巻末には有用と思われる参考資料を収めてありますので，随時参照してください．

(5) この教科書にはネイティブスピーカーがテキストを音読した CD が付いています．これを繰り返し聞いて，まずは耳からフランス語を理解する訓練をしてください．そして次に，CD を聞きながら音読し，自分の口でフランス語を発話する練習をしてください．

☞ この教科書のテキストは，さまざまな資料を参考にして，語彙や文法のレベルを考慮しながら書き下ろしたものであり，特定の出典はありません．

☞ 本文中，たとえば (3-5) とあるのは「3 課の注 5 を参照」という意味です．

　フランス国民教育省は，2016 年，「新しい綴り字」la nouvelle orthographe を公布しました．巻末にはその概要を記しておきましたので，適宜参照してください．

目　次»

写真提供クレジット一覧
　　表紙　Shutterstock.com
　　写真：AFP/アフロ (p.1, 17, 25)，写真：AP/アフロ (p.5, 9, 45 右)，Leitenberger Photography/ Shutterstock.com (p.29)，GRANGER/時事通信フォト (p.33)，写真：Ullstein bild/アフロ (p.37)，写真：Globe Photos/アフロ (p.45 左)，AFP＝時事 (p.53)，sylv1rob1/ Shutterstock.com (p.57)，Shutterstock.com (p.13, 21, 41, 49)

1
un

Notre-Dame de Paris

パリのノートルダム寺院

2019年4月，パリの象徴とされてきたシテ島のノートルダム寺院の尖塔部分が原因不明の火事で焼失した衝撃的な事件は，今なお記憶に新しいところです．この事件は『薔薇の名前』*Le Nom de la Rose* や『愛人』*L'Amant* などの作品で知られるジャン＝ジャック・アノー Jean-Jacques Annaud 監督によって 2022 年に映画化され，2023 年4月には日本でも公開されました．大規模なセットを実際に燃やし，最新の技術を駆使して撮影された迫真の映像は，火災の凄まじさと消防隊の決死の活動をみごとに描き出していますが，本文にも出てくる couronne d'épines（いばらの冠）の救出をめぐるエピソードは特に印象的で，聖堂の一日も早い復興を願わずにはいられません．

1 Notre-Dame de Paris

un

La cathédrale Notre-Dame de Paris est célèbre dans le monde entier grâce au roman de Victor Hugo, qui a inspiré entre autres une comédie musicale dans les années 1990 et de nombreuses adaptations au cinéma.

5　Commencée en 1163 et achevée en 1345, la construction de l'édifice religieux a duré pendant presque deux siècles ! C'est l'exemple le plus connu de l'architecture gothique en France, avec ses célèbres arcs-boutants[1], ses grandes voûtes et ses magnifiques vitraux. Jusqu'en 2019, Notre-Dame était l'un des monuments

10　historiques les plus populaires d'Europe : entre 12 et 14 millions de personnes la visitaient chaque année.

En avril 2019, un incendie dévastateur a éclaté dans les combles de la cathédrale et s'est rapidement propagé : l'origine du feu est encore à ce jour[2] un mystère et l'enquête continue. La

15　flèche de la cathédrale, ajoutée par l'architecte Viollet-le-Duc[3] au XIXe siècle, ainsi qu'une grande partie de la toiture, ont été détruites. L'incendie a été vécu comme une tragédie non seulement par les Parisiens et les Français en général, qui ont tous[4] été témoins de la destruction de ce symbole national, mais aussi par le

20　monde entier.

. . . .

1) arcs-boutants　ゴシック建築で，屋根や天井の重量が生み出す圧力を支えるために教会の外部に渡された斜めの梁．日本語では「飛び梁」，英語では「フライング・バットレス」と言う．

2) à ce jour　今のところ，今日まで．

3) Viollet-le-Duc　19世紀フランスの建築家（1814−79）．パリのノートルダム寺院を始め，多くの中世教会堂の修復に携わった．

4) tous　「全員」の意を表す不定代名詞で，発音は［tus］．

On a pu néanmoins sauver les principales reliques conservées dans la cathédrale, comme la couronne d'épines et la tunique de Saint Louis[5]. Depuis l'incendie, des travaux ont été entrepris pour restaurer la cathédrale et la reconstruire à l'identique[6]. On utilise en effet des matériaux anciens et on reproduit les méthodes de 25 construction d'origine. Des millions de personnes ont fait des dons pour soutenir cette initiative : un peu plus de 840 millions d'euros ont été ainsi collectés.

Le président Emmanuel Macron avait annoncé vouloir reconstruire Notre-Dame en cinq ans, afin que la cathédrale puisse 30 être prête pour les Jeux olympiques de Paris en 2024, mais cet objectif semble difficile à atteindre. La cathédrale devrait rouvrir au public et au culte en décembre 2024. Et ce n'est pas tout ! D'autres travaux, notamment de rénovation, seront encore nécessaires les années suivantes. 35

La cathédrale fait partie du[7] patrimoine culturel et historique de l'humanité. La préservation de ce patrimoine nécessite beaucoup de temps et de moyens, mais le délaisser, ne serait-ce pas finalement détruire une partie de notre mémoire ?

. . . .

5) **Saint Louis** ルイ9世（1214−70）．死後に列聖され，「聖王ルイ」と呼ばれる．「ヨーロッパの調停者」として活躍したが，第8回十字軍で遠征したチュニジアでペストにかかり病没した．

6) **à l'identique** 元通りに，原形のままに．

7) **fait partie du** 〈faire partie de 〜〉で「…の一部をなす」．

Exercices

I 次の下線部の動詞を指定された形にして（　　　　）内に入れ，各文の意味を言いなさい.

1. Nous visiter（　　　　　　）（直説法半過去）le Canada chaque année avant la pandémie de Covid-19.

2. Tu devoir（　　　　　　）（条件法現在）apprendre l'italien si tu veux étudier l'histoire de l'art européen.

3. Il faudra au moins trois ans pour que l'économie japonaise se rétablir（　　　　　　）（接続法現在）.

II 次の要素を並べ替えて文を作りなさい（文頭に来るものも小文字で始めてあります. 平叙文では文末に point をつけること）.

1. célèbre / cette / église / est / flèche / pour / sa

2. de / de / fait / l'Asie / le Japon / l'Est / partie

III 次のフランス語の文がテキストの内容に一致しているものは○を，一致していない場合は×を［　］内に記入しなさい.

1. Il a fallu deux cents ans pour construire la cathédrale Notre-Dame de Paris.［　］

2. Malgré l'incendie en avril 2019, la tunique de Saint-Denis a pu être sauvée.［　］

3. La reconstruction de la cathédrale Notre-Dame de Paris ne pourra sûrement pas être finie avant les Jeux Olympiques de 2024.［　］

Prenons un peu de hauteur... （少し別の角度で考えてみよう）

Est-ce que vous pensez qu'il vaut mieux détruire tous les vieux bâtiments ? Pourquoi ?

古い建物はすべて取り壊すべきだと思いますか?　それはなぜですか?

2
deux

Emmanuel Macron et le parlement français

エマニュエル・マクロンとフランス議会

マクロン大統領は 2022 年 4 月に再選されて 2 期目に入りましたが，同年 6 月に行われた国民議会議員選挙では与党連合が過半数を獲得できず，左派連合と極右の国民連合が大きく議席を増やしました．その結果，政権運営にはさまざまな困難が生じています．特に年金受給年齢の引き上げ法案をめぐっては国民の反発が強く，法案自体は成立したものの，この決定は国民議会での採決を経ないままで強行されたため，野党の反発を受けて憲法院 Conseil constitutionnel でその合憲性を問う審査が行われる事態に至りました．けっきょく法案は大部分が合憲と判断されて 2023 年 4 月に成立しましたが，市民の激しい抗議運動はその後もなかなか収まりませんでした．

2 Emmanuel Macron et le parlement français

Emmanuel Macron est devenu président de la République française en 2017, puis il a été réélu en 2022. Pendant les premières années, il avait une majorité qui lui était favorable au Parlement et il a pu entreprendre des réformes assez rapidement, parfois trop 5 rapidement aux yeux de l'opposition.

Cependant, depuis les élections législatives[1] de juin 2022, il n'a plus de majorité absolue à l'Assemblée nationale. De fait, l'alliance de gauche, représentée par la Nupes[2], a fait un meilleur score que prévu. Le parti Renaissance[3], proche du président, doit 10 donc négocier avec les autres partis pour faire passer des lois, notamment ceux au centre[4], mais également ceux de droite, comme LR ou l'UDI[5].

La grande surprise des dernières élections législatives, c'est le résultat du Rassemblement National (RN), parti d'extrême-droite 15 qui obtient 90 sièges et qui devient le principal groupe d'opposition, devant LFI[6].

Le gouvernement se trouve à présent dans une période d'incertitude, comme on l'a vu par exemple avec les débats concernant la réforme des retraites, qui a suscité beaucoup de 20 mécontentement et de manifestations dans toute la France. La

1) **élections législatives** 国民議会議員選挙．形容詞を名詞化して単に législatives とも言う．
2) **Nupes** Nouvelle Union populaire écologique et sociale（新人民連合環境・社会）の略称で，発音は [nyps] または [nypɛs]．選挙のため 2022 年 5 月に結成された左派の政党連合で，代表は Jean-Luc Mélenchon.
3) **Le parti Renaissance** マクロンによって 2016 年に結成された政党．
4) **ceux au centre** 中道派の政党．具体的には MoDem（Mouvement Démocrate），Horizons など．
5) **LR ou l'UDI** LR は Les Républicains（共和党），UDI は Union des démocrates et indépendants（民主独立連合）の略称．
6) **LFI** La France insoumise（不服従のフランス）の略称．

première ministre Élisabeth Borne[7] a utilisé plusieurs fois l'article 49-3 de la Constitution française[8], pour « débloquer » la situation, mais cela a été critiqué par l'opposition ainsi que par une bonne partie de la population française.

Dans un contexte où l'inflation et les conséquences de la 25 guerre en Ukraine touchent de plein fouet[9] l'économie française et le portefeuille des Français, que faire[10] ? Quelles sont les priorités ?

Emmanuel Macron et le gouvernement font face à des défis extrêmement importants pour la société française, alors que 30 beaucoup de gens en France semblent parfois agacés par la manière dont le président dirige le pays actuellement. Certaines personnes trouvent que le président est « arrogant » ou « méprisant » et pensent qu'il ne peut pas comprendre les difficultés des gens en situation de précarité[11]. 35

Les prochaines élections présidentielles sont prévues pour 2027 et Emmanuel Macron ne pourra pas se présenter pour un troisième mandat.

. . . .

7) **Élisabeth Borne** 1961 年生まれの政治家. 2022 年 5 月にマクロンが大統領に再選された後, 第 5 共和制で 2 人目の女性首相に任命された.

8) **article 49-3 de la Constitution française** 緊急性・重大性が認められる課題については議会の採決を経ずに法案を可決させられるという内容.

9) **de plein fouet** 「正面から」「もろに」の意の熟語表現.

10) **que faire** 〈que + inf〉で「何を…すればいいのか」. 例) Que dire ?（何と言えばいいのか）

11) **précarité** 形容詞 précaire（不安定な, もろい）の名詞形で, いつ貧困状態や生活苦に陥るかわからない状態を指す.

I 次の（　　　　）内に適切な指示代名詞（celui, celle, etc）を入れなさい.

  1. De ces deux cravates, je préfère (　　　　　　)-ci.

  2. Ce n'est pas mon smartphone, mais (　　　　　　) de Philippe.

  3. Je n'aime pas (　　　　　　) qui ne sont pas modestes.

II 次の要素を並べ替えて文を作りなさい（文頭に来るものも小文字で始めてあります. 平叙文では文末に point をつけること）.

  1. a suscité / ce / du / film / l'intérêt / public

  2. à / difficile / face / fait / la France / situation / une

III 次のフランス語の文がテキストの内容に一致しているものは○を, 一致していない場合は×を［　］内に記入しなさい.

  1. Emmanuel Macron est président de la République depuis 2017. [　　]

  2. Le Rassemblement National est un parti d'extrême-gauche. [　　]

  3. Élisabeth Borne a utilisé plusieurs fois l'article 49-3 pour faire passer des lois sur les transports publics. [　　]

Prenons un peu de hauteur... (少し別の角度で考えてみよう)

Cherchez des informations sur les partis français. Lequel vous semble meilleur que les autres ?

フランスの政党について調べてください. 他の政党と比べて, どれがより良いと思いますか?

3
trois

Les Jeux olympiques et paralympiques de Paris

パリオリンピック・パラリンピック

2020 年に予定されていた東京オリンピック・パラリンピックは新型コロナウィルスの影響で翌年に延期されましたが，第 33 回目の大会は本来のスケジュール通り，2024 年夏にパリで開催されることになりました．パリではこれまで 1900 年と 1924 年にも開催されているので，今回は 100 年ぶり，3 回目ということになります．実施が予定されているのは全部で 32 の競技，329 種目で，参加する競技者数は 1 万人を超えると見込まれています．新しい種目もいくつか採り入れられ，準備も着々と進んでいて期待が高まっていますが，その一方で財政問題を始めとして問題がないわけではありません．マクロン大統領にとっても，その成否が大きな鍵になりそうです．

3 Les Jeux olympiques et paralympiques de Paris

trois

Les Jeux olympiques et paralympiques d'été de Paris en 2024 sont un événement[1] attendu de tous[1-4] au niveau international. Les J.O. de Paris, dont l'appellation officielle est « les Jeux de la XXXIIIe olympiade », se dérouleront du 26 juillet au 11 août 2024,
5 tandis que les Jeux paralympiques auront lieu du 28 août au 8 septembre 2024.

Pour ces J.O. de Paris, le breakdance va apparaître pour la première fois dans l'histoire des Jeux, tandis que d'autres sports urbains comme le skateboard, l'escalade et le surf, apparus aux J.O.
10 de Tokyo, vont être reconduits. La présence de ces disciplines modernes va peut-être permettre d'attirer un public plus jeune, mais également de faire plus d'audience à la télé ou sur Internet[2].

De leur côté, les Jeux paralympiques de Paris seront les premiers où il y aura une parité complète en termes de genre[3]
15 dans toutes les disciplines : le nombre d'épreuves masculines et féminines sera le même. Le para-taekwondo et le para-badminton, nouvelles disciplines qui ont débuté aux Jeux de Tokyo, seront maintenus à Paris.

Cependant, malgré tous ces aspects positifs, il existe des
20 inquiétudes concernant l'organisation et le budget des Jeux de Paris 2024. Certains critiques estiment que les coûts associés à l'événement pourraient dépasser les prévisions. On prévoit qu'il y

1) événement 新綴り字では évènement.

2) Internet 大文字で始め，無冠詞で用いる.

3) en termes de genre 〈en termes de ～〉はもともと「…の用語で言えば」の意だが，しばしば「…に関して」の意でも用いられる. genre はここでは「(男女の) 性」の意.

4) d'importants 複数形の形容詞の前に置かれた不定冠詞複数形の des が de になり，母音字省略 (élision) されている. importants はここでは「重要な」ではなく，量的に「多数の」「大量の」.

aura plus de 10 millions de spectateurs pendant l'événement et les infrastructures sportives, les transports et l'hébergement doivent pouvoir être prêts à accueillir tous les athlètes, spectateurs et 25 visiteurs.

La ville de Paris a entrepris d'importants[4] travaux de construction et d'aménagement. Par ailleurs[5], de nombreux sites historiques en Île-de-France seront mis à disposition des athlètes comme les Invalides, le Grand Palais, la place de la Concorde ou 30 encore le château de Versailles...

En ce qui concerne le Village Olympique et Paralympique, il sera situé en banlieue parisienne, dans le département de la Seine-Saint-Denis[6] : les logements seront convertis en logements abordables, une fois les Jeux terminés. 35

D'autres bémols[7] subsistent, notamment l'emploi d'ouvriers sans-papier sur les chantiers de construction, ou encore le traitement des sans-abri qui pourraient se retrouver expulsés de la capitale, alors qu'il n'y a pas assez d'hébergements pour les accueillir ailleurs. 40

Espérons que les Jeux de Paris ne seront pas purement mercantiles, mais qu'ils permettront de promouvoir des valeurs fondamentales pour l'humanité, comme la paix, l'égalité ou le respect.

. . . .

5) **Par ailleurs** 別の観点から異なる情報を提示する表現. 4 課注 1 の d'ailleurs と似ているが, 用法は微妙に異なるので注意が必要.

6) Seine-Saint-Denis　パリ北東部に隣接する県.

7) **bémols**　音楽用語で「フラット（♭）」.「半音下げる」の意から,「盛り上がりに水を差すもの」「負の要素」といったニュアンスで用いられる. なお,「シャープ（♯）」は dièse と言う.

I 次の各文を指示に従ってほぼ同じ意味の文に書き換えなさい.

1. Ma mère va revenir de Lyon la semaine prochaine.

   (単純未来を用いて) →

2. Je vais prendre un taxi sur le boulevard. (単純未来を用いて)

   →

3. Ils finiront leur travail avant cinq heures. (近接未来を用いて)

   →

II 次の要素を並べ替えて文を作りなさい (文頭に来るものも小文字で始めてあります. 平叙文では文末に point をつけること).

1. aura / cet / en / événement / juillet / lieu

2. a dépassé / la / le / prévu / réunion / temps

III 次のフランス語の文がテキストの内容に一致しているものは○を, 一致していない場合は×を [ ] 内に記入しなさい.

1. Le skateboard est une nouvelle discipline des J.O. de Paris.
   [ ]

2. Il y aura des athlètes des deux sexes uniquement pour le para-badminton. [ ]

3. Les logements du Village olympique et paralympique ne seront pas détruits après la fin des J.O. [ ]

Prenons un peu de hauteur... (少し別の角度で考えてみよう)

Est-ce que vous aimeriez participer en tant que bénévole à un événement sportif international comme les Jeux olympiques et paralympiques ? Pourquoi ?

ボランティアとして, オリンピックやパラリンピックのような国際的なスポーツイベントに参加したいですか? それはなぜですか?

4 La baguette
quatre

バゲット

　フランス家庭の食卓に欠かせないのがバゲットです．数ある伝統的なパン pain traditionnel のうち，細長い棒 baguette の形をしているものをこう呼びますが，本文に出てくるように，成分や製法や形状によってさまざまな種類があり，そのヴァリエーションの豊富さには食文化の奥深さを感じさせられます．日本のパン屋さんでも，最近はいわゆるバゲットに加えて，より太くて短い「バタール」bâtard が一緒に売られているのをしばしば見かけるようになりました．なお，日本では「フランスパン」という言葉もよく聞かれますが，これはバゲットの類を漠然と総称する日本語表現で，フランス語にそういう言い方はありません．

4 La baguette

quatre

Avec le fromage et le vin, la baguette est l'un des symboles les plus emblématiques de la culture française, mais son histoire est plutôt récente.

Même si les détails concernant l'origine de la baguette sont
5 encore aujourd'hui assez flous, on dit qu'elle commence à être connue à partir de la deuxième moitié du XIXᵉ siècle. Avant cela, le pain était généralement vendu sous forme de pains ronds, plutôt gros (le terme « boulanger » a d'ailleurs[1] pour origine un mot néerlandais signifiant « boule »).

10 L'évolution de la demande[2] pourrait être une autre raison pour laquelle la baguette est devenue populaire. Les habitants des villes, notamment dans les classes aisées, ont eu de plus en plus besoin de pain frais, plusieurs fois par jour.

Au XXᵉ siècle, l'utilisation de la levure, au lieu du levain[3],
15 permet aux boulangers de produire des pains plus rapidement : grâce à leur forme fine et longue, les baguettes peuvent être cuites plus rapidement et vendues telles quelles[4].

Le décret du 13 septembre 1993[5] précise les règles pour fabriquer une baguette traditionnelle, souvent appelée « baguette
20 tradition » : elle doit être fabriquée sur place, sans congélation et

1) **d'ailleurs** 別の情報を付け加えて文意を補足する表現. 文脈によって訳し分ける必要があるが, ここでは「そもそも」「なにしろ」といったニュアンス.
2) **demande** ここでは「需要」の意. 対語は offre (供給).
3) **utilisation de la levure, au lieu du levain** levain は水と小麦粉の混合物に乳酸菌や酵母を加えて自然発酵させた伝統的なパン種で, 英語の sourdough (サワードウ) に当たる. levure は特定の酵母を人工的に培養したもので, 英語の yeast (イースト菌) に相当.
4) **telles quelles** そのままで, その状態で.
5) **Le décret du 13 septembre 1993** 伝統的なパンの製法を守るために当時の Balladur 内閣が定めた政令で, « décret pain » と通称される.

elle ne doit contenir que quatre ingrédients, à savoir[6] de la farine, de l'eau, du sel et de la levure. Elle ne peut pas avoir d'additifs ou de conservateurs. La baguette tradition (certains disent « baguette de campagne » ou « baguette rustique »), est la plus populaire en France : elle est caractérisée par sa forme allongée, sa croûte 25 épaisse et croustillante, ainsi que sa mie, douce et aérée.

L'autre type de baguette qu'on trouve souvent dans les boulangeries, c'est la baguette « classique », qu'on appelle parfois « parisienne », et qui peut contenir des additifs comme le gluten. Elle est plus rapide à cuire et elle est moins chère que la 30 « tradition »[7], mais elle a une croûte légèrement plus épaisse et elle est un peu plus farineuse.

Il ne faut pas oublier non plus la ficelle, la flûte, la sarmentine[8], la baguette viennoise, la baguette épi, la baguette moulée, etc. Les catégories de baguette sont vraiment 35 nombreuses : à vous de[9] les découvrir !

---

6) à savoir 「すなわち」の意の熟語.

7) la « tradition » « la baguette tradition » の baguette を省略した形.

8) sarmentine フランス南西部の伝統的なパンで, 両端が Y 字型に割れている形に特徴がある. 他のパンについてもネットなどで調べてみること.

9) à vous de〜 C'est à *qn*. de + *inf*.「…するのは…の役目だ」の省略形. 例) À toi de jouer. (ゲームなどで)「君の番だよ」.

I 次の各文の下線部を主語にしてほぼ同じ意味の文に書き換えなさい.

    1.   La tour de Tokyo est plus haute que <u>la tour Eiffel</u>.

        →

    2.   Ce fromage-ci est meilleur que <u>ce fromage-là</u>.

        →

    3.   Je ne chante pas aussi bien que <u>ma sœur</u>.

        →

II 次の要素を並べ替えて文を作りなさい（文頭に来るものも小文字で始めてあります. 平叙文では文末に point をつけること）.

    1.   elle / est partie / la / laquelle / pour / raison / voilà

    2.   ce / contient / gâteau / ingrédients / ne / quatre / que

III 次のフランス語の文がテキストの内容に一致しているものは○を，一致していない場合は×を〔　〕内に記入しなさい.

    1.   La baguette « tradition » ne doit avoir que quatre ingrédients : de la farine, de la levure, du sel et de l'eau. 〔　〕

    2.   La baguette « classique » ou « parisienne » a une croûte plus mince que la baguette « tradition ». 〔　〕

    3.   La ficelle, la flûte et la baguette moulue sont d'autres catégories de baguette. 〔　〕

Prenons un peu de hauteur... (少し別の角度で考えてみよう)

Est-ce qu'il y a un aliment dont vous ne pourriez pas vous passer au Japon ? Pourquoi ?　あなたにとって，日本の食文化で外せない食材はありますか？　それはなぜですか？

5
cinq

Jean-Jacques Sempé

ジャン = ジャック・サンペ

19 50年～60年代のパリを舞台として，いたずらっ子の小学生の生活をユーモラスに描いた『プチ・ニコラ』は，フランスの国民的な挿絵入り児童書として長年愛されてきました．物語はポーランド出身の作家，ルネ・ゴシニの担当で，誰もがどこかで一度は見たことがあるにちがいないイラストを描いたのが，デッサン画家のジャン＝ジャック・サンペです．ゴシニは1977年に51歳の若さで亡くなりましたが，サンペは2022年まで生き，亡くなる数か月前に自らグラフィック・クリエイターを担当した映画を完成させました．ゴシニの娘アンヌが脚本を担当したこの映画（*Le Petit Nicolas*, 邦題『プチ・ニコラ　パリがくれた幸せ』）は，同年のカンヌ映画祭に出品されたほか，数々の賞を得ています．

5 Jean-Jacques Sempé

cinq

Jean-Jacques Sempé est un grand dessinateur français. Il est notamment connu pour avoir illustré[1] le *Petit Nicolas,* un classique de la littérature de jeunesse.

Né à Bordeaux en 1931 et issu d'une famille modeste, Sempé est[2] un enfant solitaire, qui a une enfance difficile. Il aime dessiner et lire. Il est aussi fasciné par Duke Ellington[3] et la musique jazz. Cependant, renvoyé du collège, il commence à travailler très tôt, en enchaînant les petits boulots.

Vers 18 ans, il monte à Paris. Il vend son premier dessin en 1950, dans le journal *Sud-Ouest.* En 1956, il débute dans *Paris Match.* Au même moment, il fait une rencontre décisive : il devient l'ami de René Goscinny[4], avec qui il va créer le *Petit Nicolas.* C'est le début de sa brillante carrière de dessinateur.

Sempé est un amoureux de la ville : Paris et New York figurent souvent dans ses œuvres. La plupart du temps, on y voit une foule grouillante dans un paysage urbain, c'est-à-dire dans des rues, des parcs, le métro, des halls de concert. Pour lui, cette foule n'est pas une masse : chaque individu a une histoire.

En effet, ses dessins captent une ambiance, des situations humoristiques de la vie quotidienne avec des traits très simples.

1) pour avoir illustré 〈pour ＋不定法複合形〉で理由を表す.
2) Sempé est ... 以下，過去の経緯が現在形で書かれていることに注意. これを présent historique（歴史的現在）と言い，過去のできごとを生き生きと表すために用いられる.
3) Duke Ellington アメリカのジャズ作曲家・ピアニスト（1899−1974）.「A列車で行こう」「キャラバン」などの曲が有名.
4) René Goscinny フランスの作家・編集者（1926−77）. *Petit Nicolas* については文を担当のほか，漫画の原作者としては Albert Uderzo の作画による *Astérix* も有名.

L'auteur a un regard ironique, mais aussi tendre et nostalgique
envers ces scènes de vie.

Par ailleurs(3-5), il y a une grande particularité dans ses
dessins : le contraste entre l'immensité de la ville et la petitesse des
êtres humains, la vie animée de la ville et la solitude de chaque 25
individu, ou encore le décalage entre l'image et le texte. Tout cela
contribue à regarder notre vie sous un nouvel angle.

On peut aussi retrouver ces caractéristiques dans les
illustrations du *Petit Nicolas* : Sempé et Goscinny décrivent le
monde des adultes du point de vue du petit écolier. 30

Sempé dessine des milliers d'illustrations pour plusieurs
revues, comme L'*Express*, *Paris Match*, *Télérama*. Auteur
prolifique, il produit à partir de 1962 un album par an, jusqu'en
2015, soit[5] pendant plus de 50 ans ! Il atteint le sommet de sa
carrière en illustrant le prestigieux magazine américain *The New* 35
Yorker.

En 2019, la ville de Paris l'honore avec une fresque murale :
un dessin du grand dessinateur y est reproduit dans le 3^e
arrondissement.

5) soit ここでは「すなわち」の意.

Exercices

I 次の 2 つの文を適切な関係代名詞を用いて 1 つの文にしなさい.

1. La vieille dame est la grand-mère de Jacques. / Nous l'avons vue tout à l'heure.

   →

2. Voilà Éric. / J'ai travaillé avec lui pendant dix ans.

   →

3. Avez-vous lu son dernier livre ? / Je vous ai parlé l'autre jour de son dernier livre.

   →

II 次の要素を並べ替えて文を作りなさい（文頭に来るものも小文字で始めてあります. 平叙文では文末に point をつけること）.

1. a été / avoir / cassé / fenêtre / il / pour / puni / une

2. figure / la / liste / ne / nom / pas / sur / votre

III 次のフランス語の文がテキストの内容に一致しているものは○を, 一致していない場合は×を〔　〕内に記入しなさい.

1. Sempé n'a pas fini ses études de collège et il a commencé à travailler très jeune.〔　〕

2. En 1956, il devient ami avec René Goscinny. Ensemble, ils vont créer le *Petit Nicolas*.〔　〕

3. Sempé n'a pas produit beaucoup de dessins.〔　〕

Prenons un peu de hauteur... (少し別の角度で考えてみよう)

Pour vous, qui est le plus grand illustrateur ou dessinateur du monde / la plus grande illustratrice ou dessinatrice du monde ? Pourquoi ?

あなたにとって世界一のイラストレーター・漫画家は誰ですか?　それはなぜですか?

6 Chat GPT

six

チャット GPT

　アメリカの Open AI 社が開発し，2022 年 11 月に公開した生成型 AI のサービスである Chat GPT（Chat Generative Pre-trained Transformer）は，またたく間に全世界に拡がって大きな衝撃を巻き起こしました．どんな質問に対しても即座に，しかも自然な文章で回答する驚くべき性能の高さは，学習にも仕事にも多くの貢献をもたらす一方，間違った情報の流布や著作権の侵害など，さまざまなリスクを伴う側面もあるため，各国では法的な規制の必要性や倫理的問題をめぐる議論が続いています．しかしいずれにせよ，AI の進歩がついに一線を越えてしまった感がある今，私たちが「人間でなければできないことは何か」，あるいは「人間が本来なすべきことは何か」という，根源的な問いに直面していることは確かでしょう．

6 Chat GPT

Les technologies de l'intelligence artificielle sont déjà très présentes dans notre vie quotidienne à travers les réseaux sociaux[1], les sites de e-commerce ou les assistants de navigation (GPS) par exemple. Avec Chat GPT, désormais à la portée de[2] tous[1-4], c'est
5 une nouvelle ère qui s'ouvre.

Cet outil, lancé en novembre 2022 par Open AI, est révolutionnaire : grâce à la collecte de milliards de données, il est capable de comprendre le contexte des demandes de l'utilisateur. Sous forme de « chat », il peut donner une réponse adaptée « en
10 langage naturel ». Pour nous, c'est comme si on discutait avec un être humain !

Comme il peut rédiger des textes sur n'importe quel sujet, ses possibilités d'utilisation sont multiples. Ainsi, beaucoup l'utilisent pour traduire ou résumer des textes, ou encore créer des contenus.
15 Cet outil est tellement pratique que le nombre d'utilisateurs a dépassé les cent millions en quelques mois.

Cependant, comme toute technologie, il présente également des risques. Le principal danger concerne la protection des données personnelles. La politique de Chat GPT à ce sujet reste
20 assez vague. Pour cette raison, l'Italie a décidé d'interdire

1) **réseaux sociaux**　英語の social networking service（SNS）に相当.
2) **à la portée de**　「…の手の届く範囲内に」.

l'utilisation de l'interface, même si cette interdiction a été levée quelques mois plus tard. Par ailleurs$^{(3-5)}$, Chat GPT risque de donner des informations peu fiables. Quand il n'a pas assez de données, Chat GPT paraît parfois « inventer » une réponse à partir de sources inexistantes. 25

C'est surtout dans le domaine de l'éducation que le problème se manifeste. Par exemple, à l'université de Strasbourg, des étudiants l'ont utilisé lors d'un examen « en distanciel[3] » et ont dû repasser l'examen « en présentiel ». À l'université de Lyon, des étudiants ont rendu des dissertations écrites par Chat GPT. Après 30 ces exemples, des écoles comme Sciences Po[4] ont défendu à leurs étudiants de l'utiliser.

Sans aller jusque-là, se servir de[5] Chat GPT pour traduire un texte en langue étrangère ou demander un avis est devenu un geste banal. Tout cela pousse les universités à repenser la manière 35 d'évaluer les étudiants et à réinventer leur façon d'enseigner.

Ce phénomène nous invite également à réfléchir à cette question : pourquoi continuer à étudier, alors que la machine nous donne immédiatement une réponse ?

- -

3) **en distanciel** 「遠隔で (の)」,「オンラインで (の)」. コロナ禍に際して使われるようになった新しい表現. これに対して「対面で (の)」は直後に出てくる en présentiel.

4) **Sciences Po** Institut d'études politiques (政治学研究所) の通称. かつて École des sciences politiques (政治学院) と呼ばれていたことから今でもこう呼ばれる. パリのそれが有名だが, 他にも Lyon や Bordeaux などの主要都市にある.

5) **se servir de** 次に出てくる demander とともに, 動詞の不定法がそのまま主語に立てられている.

Exercices

I 次の各文を C'est 〜で始めて下線部を強調する文に書き換えなさい.

1. On peut résumer facilement des textes grâce à Chat GPT.

    →

2. Ils ont créé une nouvelle entreprise informatique.

    →

3. Elle gagne sa vie en enseignant l'allemand.

    →

II 次の要素を並べ替えて文を作りなさい（文頭に来るものも小文字で始めてあります. 平叙文では文末に point をつけること）.

1. à / cette / des / écoliers / est / la / portée / question

2. cours / distanciel / donnés / en / les / seront / tous

III 次のフランス語の文がテキストの内容に一致しているものは○を，一致していない場合は×を ［　］内に記入しなさい.

1. Le nombre d'utilisateurs de Chat GPT a dépassé les cent milliards en quelques mois. ［　］

2. En France, des étudiants ont utilisé Chat GPT pour rédiger des dissertations. ［　］

3. Chat GPT est capable de produire des phrases sur n'importe quel thème. ［　］

Prenons un peu de hauteur... （少し別の角度で考えてみよう）

À l'heure de Chat GPT, pourquoi étudier ?

ChatGPT の時代に，私たちはなぜ勉強するのでしょうか?

7

sept

Annie Ernaux

アニー・エルノー

2022 年のノーベル文学賞がフランスのアニー・エルノーに授与され
たというニュースを聞いたとき，意外だと思った人は少なくない
でしょう．1984 年にはゴンクール賞と並んで権威あるルノードー賞を受け
ているとはいえ，彼女は決して衆目が一致して認める「大作家」というわけ
ではなく，本命とも見られていなかったからです．しかし自伝的要素の濃い
彼女の作品群を読んでみると，恋愛，性愛，結婚，妊娠，出産，病気，老い
など，すべての人々にとって切実な問題が正面から扱われていて，確かにノ
ーベル賞にふさわしい普遍的な文学世界を形作っていることが確認できま
す．また，彼女は政治にも積極的に関わっていて，数々の請願書にも署名し
ています．

Dix-septième femme récompensée par le Prix Nobel de littérature 2022, Annie Ernaux est aussi la première Française à[1] obtenir ce prix. Dans ses œuvres, elle traite souvent de thèmes féministes et du milieu populaire. Récemment, l'adaptation
5 cinématographique du roman *L'Événement*[2] [3-1] en 2021 a trouvé un large écho, en remportant le lion d'or à la Mostra de Venise[3].

Elle a écrit trois romans, pour une large part[4] autobiographiques, avant de devenir célèbre avec *La Place*, récompensé par le prix Renaudot[5]. Dans cette œuvre, l'auteure[6]
10 parle de son père, et de sa difficile relation avec ce dernier. C'est une œuvre marquante : à partir de là, elle décide de mettre en avant « l'écriture plate », caractérisée par un ton neutre et des phrases courtes. À travers ce style presque sociologique, l'auteure s'éloigne de l'autobiographie.

15 Au-delà des souvenirs personnels, elle tente de saisir la réalité sociale du monde dans lequel elle a évolué : son pays natal en Haute-Normandie[7], le commerce de ses parents et son enfance dans le monde rural, les études à Rouen, puis le milieu bourgeois

1) **la première Française à** 〈être le premier (la première) 〜 à + *inf.*〉で「…する最初の…である」.
2) *L'Événement* 著者の実体験に基づき，中絶が非合法であった時代に望まない妊娠をした女性の苦しみを描いた作品. 邦訳タイトルは『あのこと』.
3) **Mostra de Venise** ヴェネツィア国際映画祭. 毎年9月に開催される. イタリア語の正式名称は Mostra Internazionale d'Arte Cinematografica di Venezia.
4) **pour une large part** 「大部分は」.
5) **prix Renaudot** ゴンクール賞の向こうを張って1926年に創設された文学賞.
6) **auteure** かつては男性形 (auteur) しかなかったが，現在は女性形も用いられる. 通例にならえば autrice が普通の形だが，auteure のほうが普及している.
7) **Haute-Normandie** Eure 県と Seine-Maritime 県から成る地域圏の旧称. 2016年には Basse-Normandie と併合されて Normandie 地域圏となった.

après son mariage.

Dorénavant, le but de l'auteure est d'objectiver son 20
expérience personnelle et de faire réfléchir sur la condition
féminine. En décrivant sa vie, elle décrit en même temps les
changements que traverse la société. Ainsi, elle donne une portée
universelle à ses écrits. C'est pourquoi on peut dire que ses œuvres
sont à mi-chemin entre la littérature, l'histoire et la sociologie. 25

Quelle est la réception du public ? Bienveillante ? Pas tout à
fait : le prix Nobel d'Annie Ernaux a provoqué un tollé dans le
milieu littéraire français. On a critiqué aussi bien le contenu de ses
œuvres que son style[8]. Pour certains, l'œuvre d'Annie Ernaux est à
peine littéraire, car trop plate, trop banale et surtout trop 30
féministe. Ces attaques montrent que ses œuvres dérangent, car
elle refuse de faire de la « grande littérature ».

Jeune[9], Annie Ernaux avait écrit dans son journal « j'écrirai
pour venger ma race », c'est-à-dire les couches sociales dominées.
Son défi continue pour elle et ses successeurs. 35

. . . .

8) aussi bien ～ que ～ 「…と同様に…も」.
9) Jeune 副詞として以下の文全体を修飾する.

I 次の各文を（　　　）内の語を主語にして使役の faire を用いた文に書き換えなさい.

    1.   Nous réfléchissons sur le sort humain. (ce roman)

        →

    2.   Les élèves récitent un poème de Victor Hugo. (le professeur)

        →

    3.   Le chien est sorti de la salle à manger. (je)

        →

II 次の要素を並べ替えて文を作りなさい（文頭に来るものも小文字で始めてあります. 平叙文では文末に point をつけること）.

    1.   à / ce / elle / est / gagner / Japonaise / la / première / prix

    2.   a refusé / c'est / il / pourquoi / proposition / votre

III 次のフランス語の文がテキストの内容に一致しているものは○を, 一致していない場合は×を ［　］内に記入しなさい.

    1.   Annie Ernaux est la première femme française qui a reçu le prix Nobel de littérature. ［　］

    2.   Annie Ernaux est l'auteure de nombreux romans de science-fiction. ［　］

    3.   Dans ses romans, Annie Ernaux traite souvent de thèmes féministes. ［　］

Prenons un peu de hauteur... (少し別の角度で考えてみよう)

Présentez un roman qui traite d'une question sociale et expliquez votre choix.

社会問題を扱っている小説を 1 冊紹介し, なぜそれを選んだのか理由を述べてください.

8
huit

Les voitures ne pourront bientôt plus circuler en ville ?

自動車はもう都市を走れなくなる？

　　車の排気ガスによる大気汚染が深刻化しているのはどの国も同じですが，フランスでは対応策として，エンジンの種類や排出ガス量によって6段階に分けられたステッカー（クリテール Crit'Air = Certificat qualité de l'air と呼ばれます）を車に貼ることを義務付け，パリを始めとするいくつかの都市で，大気の汚染状況により指定地域への一部車両乗り入れを禁止する取り組みが始まっています．基本的には電気自動車への移行を推進することが狙いですが，経済的に豊かでない人々にとっては新車の購入は容易ではないため，この施策によって社会的格差が拡大するのではないかという懸念も生じているようです．日本でも近い将来，同様の問題が必ず浮上してくるのではないでしょうか．

Les voitures ne pourront bientôt plus circuler en ville ?

Bientôt plus aucune voiture en ville ? C'est déjà le cas pour les vieilles voitures dans certaines zones urbaines. Ces zones sont appelées « zones à faibles émissions (ZFE) », où l'accès et la circulation sont réservés aux voitures les moins polluantes, c'est-à-
5 dire les plus récentes et les voitures électriques.

Actuellement, les voitures sont classées selon leurs caractéristiques techniques et leur âge, et à l'avenir, les voitures avec un moteur diesel ne pourront plus circuler dans les ZFE. Si on ne respecte pas la règle, on doit payer une amende.

10 Pourquoi un tel dispositif ? En France, plus de 40 000 décès par an sont en rapport avec la pollution de l'air. Pour résoudre ce problème et améliorer la qualité de l'air, des ZFE ont été créées. Paris est la première ville à$^{(7-1)}$ les avoir mises en place[1] en 2015.

Par la suite, cette mesure est rendue obligatoire par les lois de
15 2019 et 2021 dans toute la France. Désormais, des ZFE doivent être établies dans les agglomérations de plus de 150 000 habitants. 11 agglomérations ont déjà leur ZFE. Au total, plus de 40 agglomérations doivent les mettre en place d'ici fin 2024[2].

....

1) les avoir mises en place　mettre 〜 en place（…を設置する）の不定法複合形の前に直接目的語人称代名詞の les（何を指すか？）が置かれている.
2) d'ici fin 2024　d'ici 〜で「今から」. fin 2024 は前置詞も冠詞もなしで「…まで」の意.

Ce dispositif est le reflet d'une volonté politique plus globale : à l'échelle de[3] l'Union européenne, on trouve déjà près de 300 ZFE dans une dizaine de pays, et chaque gouvernement encourage l'utilisation de la voiture électrique. 20

Pourtant, en France, les ZFE font de plus en plus polémique. Si[4] la qualité de l'air semble s'améliorer, les ZFE posent des questions de justice sociale. Certains pensent que cela va creuser 25 les inégalités sociales et craignent le retour des Gilets Jaunes[5]. En effet, les couches les plus défavorisées de la population n'ont pas les moyens d'acheter une nouvelle voiture, malgré les aides qui existent. Elles risquent alors de ne pas pouvoir accéder aux services hospitaliers ou administratifs, ainsi qu'aux centres commerciaux, 30 faute de[6] véhicule. La mesure est tellement impopulaire que certaines villes, comme Lyon, ont reporté leur date d'application.

Il reste donc un équilibre à trouver entre les enjeux[7] économiques, sociaux et politiques. Et vous, est-ce que vous pensez qu'on doit soutenir la cause écologique même si on ne peut plus 35 circuler en ville avec sa vieille voiture ?

. . . .

3) à l'échelle de 〜　「…の規模で」．de 〜の部分には形容詞を用いることもある．例）à l'échelle mondiale（世界規模で）
4) Si　仮定ではなく譲歩のニュアンス．「…としても」．
5) Gilets Jaunes　燃料税の引き上げをきっかけに 2018 年 11 月に始まり，大規模な反政府運動にまで発展した抗議運動．参加者が黄色いヴェスト（gilet jaune）を着ていたことからこう呼ばれる．
6) faute de 〜　「…がないので」．
7) enjeux　もとは賭け（jeu）で勝った者が獲得する「賭け金」の意だが，しばしば比喩的に「賭けられているもの」「争点」「論点」などの意で用いられる．

Exercices

I 下線部を適切な人称代名詞で受け，指示に従って次の質問に答えなさい.

1. Tu as déjà fini <u>tes devoirs</u> ?（否定で）

    →

2. Vous n'avez pas encore utilisé <u>cet ordinateur</u> ?（肯定で）

    →

3. Est-ce que Jeanne t'a donné <u>ses poupées</u> ?（肯定で）

    →

II 次の要素を並べ替えて文を作りなさい（文頭に来るものも小文字で始めてあります. 平叙文では文末に point をつけること）.

1. aux / ces / handicapées / personnes / places / réservées / sont

2. bâtiment / ce / de / risque / s'écrouler / vieux

III 次のフランス語の文がテキストの内容に一致しているものは○を，一致していない場合は×を［　］内に記入しなさい.

1. « ZFE » signifie « Zones à fortes émissions ». ［　］

2. Dans le futur, on interdira aux voitures avec des moteurs diesel de circuler dans les ZFE. ［　］

3. En France, les ZFE sont une mesure peu populaire, qui fait polémique. ［　］

Prenons un peu de hauteur... (少し別の角度で考えてみよう)

Est-ce qu'on doit protéger l'environnement, même si notre vie devient moins pratique ? Pourquoi ?

生活が不便になるとしても，環境を守るべきだと思いますか?　それはなぜですか?

9
neuf

Christian Dior

クリスチャン・ディオール

　フ　ァッションに格別の興味がなくても，クリスチャン・ディオールという名前を聞いたことのない人はいないでしょう．ブランドの創設70周年にあたる2017年には，7月から翌年1月までパリの装飾芸術美術館 Musée des Arts décoratifs で Christian Dior, couturier du rêve（クリスチャン・ディオール，夢のクチュリエ）という大規模な展覧会が催され，イギリス，中国，アメリカなどを巡回した後，日本にもやってきました．また2022年3月には，パリのモンテーニュ通り Avenue Montaigne にある本店の横に，3Dプリンターで製作されたミニチュアの装飾品やドレスをずらりと展示した2000平方メートルの広大な Galerie Dior が設けられ，新たな観光スポットとして注目を集めています．

9 Christian Dior

Christian Dior naît(5-2) en 1905 dans une famille aisée de Normandie, où il se passionne pour l'art. Contre l'avis de son père, il abandonne ses études de science politique et ouvre une galerie d'art à Paris, en 1928.

5 Pendant quelques années, il collecte et expose des œuvres d'art de différents artistes, notamment surréalistes, comme Salvador Dalí[1]. Cependant, suite à la crise de 1929, la famille Dior est ruinée et Christian Dior doit vendre ses tableaux pour vivre.

Il est néanmoins sauvé par son talent pour le dessin : il 10 commence à travailler dans l'industrie de la mode. En 1938, il est engagé comme dessinateur et modéliste pour la maison de couture de Robert Piguet[2], surnommé alors le « prince de la mode ».

À cause de la Seconde Guerre mondiale, il doit travailler comme ouvrier agricole et ne pourra revenir à Paris qu'en 1942 : il 15 travaille alors pour Lucien Lelong[3], célèbre maison de couture de l'époque, avant de lancer sa propre maison en 1946.

Le 12 février 1947, la première collection de Dior, « Corolle[4] », plus connue sous le nom de « New Look », révolutionne la mode de l'époque, en proposant des silhouettes 20 élégantes et féminines : les épaules sont arrondies, les tailles fines

1) **Salvador Dalí** スペインの著名なシュルレアリスム画家(1904−89). 姓のíはスペイン語の綴り.
2) **Robert Piguet** スイスのファッションデザイナー（1898−1953）. 19歳でパリに移住し，1933年に開いた店で大成功を収めた.
3) **Lucien Lelong** フランスのファッションデザイナー（1889−1958）. 第二次世界大戦中には，パリのクチュール組織をベルリンとウィーンに移転するというドイツ占領軍案を阻止したことでも知られる.
4) **Corolle** 「花冠」を意味する植物学用語.

et les jupes amples. À l'opposé de la mode des années de la guerre, qui était plus austère et sombre, Christian Dior met en avant les courbes, comme il l'écrit à propos de sa collection : « Je dessinais des femmes-fleurs, aux épaules douces, aux bustes épanouis, aux tailles fines comme des lianes et aux jupes larges comme des 25 corolles ». Cette nouvelle collection est un grand succès, notamment aux États-Unis, et provoque un grand choc esthétique dans le monde de la mode.

Dans les années qui suivent, Christian Dior ne cesse d'innover : à partir de 1950, les courbes sont moins présentes et 30 semblent complètement disparaître en 1954, avec la « ligne H »[5]. Parallèlement aux vêtements, il crée des lignes[6] de parfums, de sacs à main, de chaussures et de bijoux.

Dior décède en 1957, mais sa marque continue de surprendre le monde de la mode : d'autres créateurs lui succèdent, tels que 35 Yves Saint Laurent, John Galliano[7] ou encore Raf Simons[8] qui revient aux fondamentaux[9] du fondateur.

---

5) « ligne H » Hライン．アルファベットのHに似たシルエットを表すファッション用語．
6) lignes これは直前の ligne と違って「製品の系列」「シリーズ」の意．
7) John Galliano イギリスのファッションデザイナー（1960－　）．1990年代からパリで活躍し、2009年に Légion d'honneur 勲章に叙せられたが、2011年に人種差別発言容疑で拘束され、勲章も剥奪された．現在は業界に復帰している．
8) Raf Simons ベルギーのファッションデザイナー（1968－　）．
9) fondamentaux ここでは「基本姿勢」「原点」の意．

Exercices

Ⅰ 下線部を主語にして，次の各文を受動態の文に書き換えなさい.

   1. Tout le monde connaît <u>cette actrice française</u>.

      →

   2. Salvador Dalí a peint <u>ces tableaux surréalistes</u>.

      →

   3. On appréciera beaucoup <u>sa nouvelle collection de printemps</u>.

      →

Ⅱ 次の要素を並べ替えて文を作りなさい（文頭に来るものも小文字で始めてあります. 平叙文では文末に point をつけること）.

   1. aucun / il / n'a / la / musique / pour / talent

   2. avant / du / en / français / le professeur / l'importance / met

Ⅲ 次のフランス語の文がテキストの内容に一致しているものは○を，一致していない場合は×を〔　〕内に記入しなさい.

   1. Quand il était jeune, Christian Dior était galeriste d'art. 〔　〕

   2. Les courbes sont très importantes pour le « New Look » de Dior. 〔　〕

   3. Yves Saint Laurent a été directeur artistique chez Dior. 〔　〕

Prenons un peu de hauteur... (少し別の角度で考えてみよう)

Est-ce que la mode est quelque chose d'inutile pour l'humanité ? Pourquoi ?

ファッションは人類にとって不要なものでしょうか？　それはなぜですか？

10

dix

Les tirailleurs sénégalais

セネガル狙撃兵

　フランスは 19 世紀半ばの第二帝政以来，アフリカの植民地から大量の兵士を動員し，自国のために戦わせました．北アフリカ出身の兵士は「アルジェリア狙撃兵 tirailleurs algériens」，西アフリカ出身の兵士は「セネガル狙撃兵」と呼ばれ，2 度の世界大戦時には各地で戦闘に駆り出されて多数の犠牲者を出しています．しかも第 2 次世界大戦後には，母国に帰還した数百人が脱走兵の汚名を着せられてフランス軍に銃殺されるという事件もありました．こうした歴史の闇に光を当てる試みが映画の世界で行われています．本文に出てくる映画 *Tirailleurs* の主演は，*Intouchables*（『最強のふたり』，2011 年）で介護役の黒人を演じてセザール賞 César du cinéma français の主演男優賞を獲得した Omar Sy です．

10　Les tirailleurs sénégalais

dix

　　Les « tirailleurs sénégalais » sont un corps de militaires qui a joué un rôle important dans la défense de la France. Il a été créé par l'empereur Napoléon III en 1857 au Sénégal, mais on a recruté par la suite des hommes d'autres régions d'Afrique occidentale et
5　centrale qui faisaient partie de[(1-7)] l'Empire colonial français, en gardant la même appellation.

　　Les tirailleurs sénégalais ont été souvent enrôlés de force[1)] par l'armée française pendant la période coloniale. Ils étaient ainsi plus de 200 000 lors de la Première Guerre mondiale (1914-1918),
10　pour combattre les forces ennemies sur différents fronts, alors qu'ils avaient souvent des problèmes pour communiquer en français et qu'ils faisaient face à des conditions de combat pénibles. Même s'ils n'avaient pas les mêmes salaires que les soldats français, ils ont combattu avec courage en Europe comme en Afrique du
15　Nord.

　　Plus tard, ils ont été mobilisés également pour la Seconde Guerre mondiale ou pendant les guerres d'indépendance en Indochine, à Madagascar[2)] ou en Algérie. Le corps a été finalement dissous dans les années 1960.

20　　À présent, de nombreux tirailleurs sénégalais sont retournés

....

1) de force　力ずくで，強制的に．
2) à Madagascar　Madagascar は語尾が e ではないが，île（島）が暗黙のうちに意識されるため女性名詞．ただし無冠詞で用いられ，前置詞は en ではなく à になる．

dans leur pays d'origine : le sacrifice de tous ces hommes est régulièrement rappelé à travers des monuments et des commémorations, mais en France, on a tendance à parfois oublier cet aspect de l'histoire française ou bien à l'embellir. Afin de rappeler aux gens du monde entier cette réalité historique, le 25 cinéaste Mathieu Vadepied[3] a réalisé en 2022 un long métrage qui a été présenté au Festival de Cannes, *Tirailleurs*.

Cette œuvre, tout comme le film *Indigènes* (2006) de Rachid Bouchareb[4], qui a remporté à Cannes le prix d'interprétation masculine, a permis de mettre en lumière les problèmes que 30 continuent de rencontrer les anciens tirailleurs sénégalais, notamment ceux qui vivent hors de France. Ces vétérans, qui voulaient finir leur vie dans leur pays d'origine, étaient obligés de vivre au moins la moitié de l'année en France pour percevoir le minimum vieillesse[5]. 35

Le gouvernement français a annoncé en janvier 2023 que les anciens tirailleurs sénégalais pourraient garder leurs droits concernant le minimum vieillesse, même en cas d'installation définitive hors du territoire français.

· ·

3) **Mathieu Vadepied** 1963 年生まれの映画監督. *Tirailleurs* は 2 作目の長編で，2022 年のカンヌ映画祭では「ある視点」部門のオープニング作品として上映された.

4) **Rachid Bouchareb** 1953 年生まれの映画監督. フランスとアルジェリアの国籍を持つ.

5) **minimum vieillesse** 65 歳以上の高齢者に対して支給される最低保証年金.

I 次の各文の下線部を問う疑問文を書きなさい.

    1.   <u>Mon grand-père</u> a créé cette école.

        →

    2.   La Première Guerre mondiale a éclaté <u>en 1914</u>.

        →

    3.   Nous voudrions finir notre vie <u>dans notre pays natal</u>.

        →

II 次の要素を並べ替えて文を作りなさい（文頭に来るものも小文字で始めてあります. 平叙文では文末に point をつけること）.

    1.   a / à / diminuer / du / Japon / la / population / tendance

    2.   ce / du / en / film / le / lumière / met / problème / racisme

III 次のフランス語の文がテキストの内容に一致しているものは○を, 一致していない場合は×を［ ］内に記入しなさい.

    1.   Les tirailleurs sénégalais sont un corps créé par Napoléon Ier.
        ［ ］

    2.   Les tirailleurs sénégalais étaient tous des volontaires très enthousiastes d'aller à la guerre. ［ ］

    3.   Aujourd'hui, le corps des tirailleurs sénégalais n'existe plus dans l'armée française. ［ ］

Prenons un peu de hauteur... (少し別の角度で考えてみよう)

Choisissez un film français ou francophone et présentez-le. Pourquoi l'avez-vous choisi ?

フランス, またはフランス語圏の映画を 1 本選び, 紹介してください. なぜそれを紹介したのですか?

11

onze

La gastronomie et la viticulture au Québec

ケベックの食文化とブドウ栽培

　カナダの東部に位置するケベック州は，フランソワ 1 世の命を受けた探検家の Jacques Cartier が 1534 年に到達し，Nouvelle-France と名付けて占有を宣言して以来，フランスの植民地として開拓されてきました．1763 年にはイギリス領となりましたが，同化政策は成功せず，法律や宗教，文化などにフランス色が濃厚に残った特殊な地域です．その結果，英仏 2 言語が公用語となっているカナダの中でも，この州では今でもフランス語だけが公用語とされています．そんな事情もあって，北米の中でもフランスの影響が強い地域ですが，近年は独自の料理やブドウ栽培を探究する傾向が高まり，ケベック特有の食文化が形成されているようです．

11 La gastronomie et la viticulture au Québec

Que mange-t-on au Québec[1] ? Dire[(6-5)] que l'on consomme seulement de la poutine[2] et des hamburgers nord-américains serait un cliché. Depuis les premiers colons français du début du XVIIe siècle, la cuisine québécoise s'est constamment enrichie des
5 apports de l'immigration. Aujourd'hui, avec l'accroissement de l'immigration de l'Europe et le changement des mentalités, les Québécois sont plus soucieux d'avoir de bons produits et recherchent une cuisine plus raffinée.

Cette cuisine se réinvente, grâce à une nouvelle génération de
10 chefs. Elle se caractérise par sa simplicité, ainsi que par la richesse de ses produits provenant de la mer et des forêts : très vaste territoire !

« Montréal en Lumière », une des plus grandes fêtes hivernales mondiales, contribue aussi à l'essor de la cuisine
15 québécoise. C'est un grand événement[(3-1)] qui regroupe trois festivals[3], dont[4] celui de la gastronomie. Lors de la première édition en 2000, le célèbre chef français Paul Bocuse[5] a inauguré le festival. Pour les chefs québécois, c'est un lieu de rencontres et d'échanges avec les chefs internationaux, mais aussi avec les
20 vignerons. Face à l'intérêt grandissant pour les produits de terroir,

1) **Québec** 州を指す場合は定冠詞 le をともない，州都を指す場合は無冠詞．本文でも両方のケースがあるので注意．
2) **poutine** フライドポテトに，肉汁から作ったソース（グレイビーソース）と粒上のチーズをまぶしたカナダ特有のファストフード．
3) **trois festivals** 照明アート，美食イヴェント，音楽フェスティヴァルの3つ．複数形の語尾に注意．
4) **dont** 先行詞の中に含まれるものを導く用法．「その中の（に）」.
5) **Paul Bocuse** フランスの著名な料理人（1926−2018）．リヨン近郊にある生家のレストランを1959年に継ぎ，1965年から半世紀以上にわたってミシュランの3つ星を維持した．

les chefs les mettent de plus en plus en avant.

En effet, dans cette région où culturellement la bière a toujours prédominé, il y a un retour en popularité des vins. Ainsi, depuis les années 1980, de plus en plus de jeunes s'exilent à la campagne, autour de Québec et Montréal, pour cultiver les vignes. 25 La majorité des vins consommés au Québec est importée, mais la vente de vins québécois augmente rapidement ces dernières années, ainsi que le nombre d'hectares cultivés : en comparaison avec 2016, où l'on cultivait 660 hectares, en 2021, il y en a 975 !

Les vignerons cultivent surtout des cépages hybrides, comme 30 le Frontenac ou le Marquette[6]. Ce sont des variétés de vignes issues de croisements, qui sont résistantes au froid et aux maladies. À cause du climat de la région, on pense souvent aux vins de glace[7], mais en fait, les vins blancs représentent près de la moitié des vins produits, et les vins rouges, le tiers. En général, ils 35 présentent une acidité forte et très peu de tanins[8]. Ceci donne des vins frais et légers avec des saveurs et arômes qu'on ne retrouve pas ailleurs. À essayer[9] !

....

6) le Frontenac ou le Marquette　いずれもケベック州で栽培されている寒冷地向けのブドウの品種で，赤ワインの原料になる.

7) vins de glace　アイスワイン（自然凍結したブドウから製造される甘口のデザートワイン）.

8) tanins　tannins とも綴る.

9) À essayer　〈être à + *inf.*〉（…すべきである）の主語と動詞を省略した形.

I ( ) 内の表現を用いて，次の各文をほぼ同じ意味の文に書き換えなさい．

    1.   Le climat de cette région nous permet de cultiver les vignes. (grâce à) →

    2.   Son aide nous a permis de réaliser ce projet. (grâce à)

        →

    3.   Sa mauvaise santé ne lui permet pas de sortir. (à cause de)

        →

II 次の要素を並べ替えて文を作りなさい（文頭に来るものも小文字で始めてあります．平叙文では文末に point をつけること）．

    1.   bibliothèque / cent / de / enrichie / la / livres / s'est

    2.   achat / cet / de / la / mensuel / moitié / mon / représente / salaire

III 次のフランス語の文がテキストの内容に一致しているものは○を，一致していない場合は×を［　］内に記入しなさい．

    1.   Les Québécois ne mangent que des hamburgers. ［　］

    2.   « Montréal en Lumière » est un événement qui inclut le festival de la gastronomie. ［　］

    3.   Au Québec, le vin a toujours été plus populaire que la bière. ［　］

Prenons un peu de hauteur... (少し別の角度で考えてみよう)

Vous voudriez goûter la cuisine de quel(s) pays ? Pourquoi ?

どの国の料理を食べてみたいですか？　それはなぜですか？

12
douze

La chanson française et le rap

フランスのシャンソンとラップ

シャンソンといえば，本文に登場するエディット・ピアフ Édith Piaf（1915−63）やシャルル・アズナヴール Charles Aznavour（1924−2018）などが歌い上げる流麗なメロディーが思い浮かびますが，アメリカ流ヒップホップの影響を受けて 1980 年代からフランスで広がったラップ・ミュージックは，シャンソンの良き伝統を採り入れながら独自の発展を遂げてきました．特に社会的不平等を告発する内容の歌詞は大都市郊外に多く居住する移民層を中心に広く支持され，今では若者文化の重要な一翼を担っています．一見すると水と油のように思われる 2 種類の音楽を融合させて新しいジャンルを創造するところに，フランス文化のたくましさを感じさせられます．

12 La chanson française et le rap

douze

La chanson française a des origines très anciennes, qui remontent au Moyen Âge. À partir du XXᵉ siècle, elle est de plus en plus influencée par d'autres genres musicaux, comme le jazz ou le rock, notamment après la fin de la Seconde Guerre mondiale. Dans
5 les années 80, le hip-hop américain arrive en France : des rappeurs comme MC Solaar¹⁾, des groupes tels que Suprême NTM ou IAM²⁾ font alors leur début. Dès lors, le rap français et la chanson française, a priori³⁾ très différents, vont s'influencer réciproquement.

10 On peut voir ainsi des morceaux de rap où la chanson française est utilisée en tant que « sample ». En 2011, le rappeur Youssoupha⁴⁾ rend hommage à Édith Piaf, en reprenant une partie de la chanson « La Foule ». Dans les paroles de la chanson, il affirme haut et fort sa fierté de faire du hip-hop à la française⁵⁾, en
15 disant à ses auditeurs : « T'avais jamais entendu⁶⁾ de rap français ? »

Parfois, un rappeur ou une rappeuse peut interpréter une chanson du répertoire de la chanson française. En 2018, Oxmo Puccino⁷⁾ a ainsi fait la reprise d'une chanson d'Alain Souchon⁸⁾
20 intitulée « Poulailler's song » (1977), où le racisme ou la bien-

1) MC Solaar　セネガル出身のラッパー.
2) Suprême NTM ou IAM　いずれもフランスのヒップホップ・グループ.
3) a priori　「経験に先立って」の意のラテン語表現. ここでは「一見したところ」の意.
4) Youssoupha　コンゴ民主共和国（ザイール）出身のラッパー.
5) à la française　à la manière française を略した形で,「フランス風の」.
6) T'avais jamais entendu　くだけた会話では主語の tu が母音の前で t' となり, 否定の ne はしばしば省略される.
7) Oxmo Puccino　マリ出身のラッパー.
8) Alain Souchon　モロッコ生まれのシンガーソングライター・俳優.

pensance[9] d'une partie de la bourgeoisie sont critiqués. Dans le cas du slam[10], genre voisin du rap, la frontière avec la chanson française est encore plus mince : le slameur Abd Al-Malik[11] a ainsi revisité[12] une chanson de Jacques Brel[13], « Ces gens-là », pour écrire un morceau sur les inégalités sociales, « Les autres » (2006). 25

Les artistes peuvent aussi être sur scène ensemble. Le rappeur Kery James[14] a ainsi collaboré avec Charles Aznavour, légende de la chanson française, afin de créer le titre « À l'ombre du show-business » en 2008. Le rap y est présenté comme l'héritier de la poésie et de la chanson en langue française. Plus récemment, 30 en 2017, le rappeur Orelsan[15] et le chanteur Stromae[16] ont enregistré « La Pluie », chanson satirique sur les difficultés sociales de certaines régions en France et en Belgique.

Même s'il est difficile de généraliser, on peut trouver des points communs entre les rappeurs et les artistes représentatifs de 35 la chanson française : l'importance accordée aux paroles, l'attention apportée à la musicalité du texte, ou encore la volonté d'aborder aussi bien des thèmes de la vie quotidienne que[(7-8)] des questions de société.

. . . .

9) bien-pensance 「保守的な考えの（人）」を意味する bien-pensant の派生語で、「保守主義・伝統主義」．多くは軽蔑的なニュアンスで用いられる．

10) slam 詩の朗読パフォーマンスの競技で、フランスでは 21 世紀になって広まった．

11) Abd Al-Malik コンゴ系のラッパー・スラム作者．

12) a ainsi revisité revisiter はここでは「新しい解釈をする」の意．

13) Jacques Brel ベルギーのシャンソン作者・歌手・俳優．

14) Kery James フランスのラッパー・俳優．

15) Orelsan フランスのラッパー・作曲家・俳優．

16) Stromae ベルギーの歌手・作曲家．芸名は maestro（大作曲家）の綴りを前後入れ替えたもの．

I 下線部を en または y で受け，指示に従って次の質問に答えなさい.

    1.   Tu n'es jamais allé <u>aux États-Unis</u> ?（否定で）

        →

    2.   Y a-t-il beaucoup <u>de rappeurs qui ont fait leurs débuts dans les années 80</u> ?（肯定で）

        →

    3.   La chanson française est-elle très répandue <u>au Japon</u> ?

    （否定で）→

II 次の要素を並べ替えて文を作りなさい（文頭に来るものも小文字で始めてあります．平叙文では文末に point をつけること）.

    1.   à / ce / chanteur / hommage / les / rendent / spectateurs

    2.   a / à / de / elle / grève / la / l'intention / participer

III 次のフランス語の文がテキストの内容に一致しているものは○を，一致していない場合は×を［　］内に記入しなさい.

    1.   Le hip-hop américain débarque en France dans les années 80.［　］

    2.   Le rappeur Youssoupha a fait la reprise d'une chanson d'Alain Souchon.［　］

    3.   La chanson « La Pluie », d'Orelsan et de Stromae, parle de problèmes de société.［　］

Prenons un peu de hauteur... (少し別の角度で考えてみよう)

Cherchez une chanson dont vous appréciez les paroles. Expliquez pourquoi vous aimez cette chanson.

歌詞の好きな歌を1曲選び，なぜその歌が好きなのか説明してください.

13
treize

Les médecines alternatives

代替医療

私たちが病院で受けるのは科学的な根拠に基づいた西洋近代医学による治療や投薬ですが，そうした通常の医療行為では十分な効果が得られない場合，薬草を用いた民間療法や瞑想などの手段による精神療法などに訴えるケースも少なくありません．日本人になじみの深い指圧，鍼灸，マッサージなどもその例ですが，フランスでも近年，本文で言及されている植物療法やアロマセラピー，ホメオパシーなど，本来の医療とは異なる「代替医療」への関心が高まってきています．これは薬剤に頼りすぎてきた従来の医療に対する反省によるのかもしれませんが，いずれにせよ，できるだけ自然な形で健康を維持したいというのは人間の変わらない願望なのでしょう．

13 Les médecines alternatives

Les Français ont longtemps été les plus gros consommateurs de médicaments en Europe. Depuis le début des années 2000, la consommation de médicaments a baissé progressivement grâce à une meilleure prise de conscience de l'ensemble de la société.

5　　Parallèlement, de plus en plus de Français s'intéressent aux médecines alternatives et complémentaires. Il s'agit de toutes les médecines qui ne font pas partie de⁽¹⁻⁷⁾ la médecine conventionnelle. Voici¹⁾ les points communs de ces médecines : on traite les différents maux de façon naturelle.

10　　Souvent, les méthodes de soins sont traditionnelles et peuvent être très anciennes. Surtout, on traite le patient dans sa totalité, c'est-à-dire qu'on ne traite pas que²⁾ les parties du corps affectées.

En France, il y a plus de 300 médecines alternatives. Parmi 15 les plus connues, on peut tout de suite penser à la phytothérapie, l'aromathérapie, ou l'homéopathie. La phytothérapie est une méthode très ancienne et très populaire avant l'arrivée de la chimie moderne. On utilise des extraits de plantes pour guérir ou prévenir les maladies.

20　　En aromathérapie, on se sert des huiles essentielles pour

....

1) **Voici** 文中で「以下に述べることがら」を導く. これに対して, voilà は「以上に述べたこと」を受ける.

2) **on ne traite pas que** 〈ne ～ que〉（…だけである）を否定した形なので「…しかないわけではない」.

soulager les patients. Enfin, l'homéopathie est peut-être le traitement le plus connu en France. Les remèdes sont faits d'ingrédients naturels, minéraux ou animaux, qui aident le corps à guérir de lui-même.

L'efficacité des médecines alternatives n'est pas prouvée ²⁵ scientifiquement. C'est pourquoi elles ne sont normalement pas remboursées par la Sécurité sociale[3]. Cependant, 40 % des Français y ont recours[4].

Certains veulent éviter les effets secondaires des médicaments avec ces traitements plus naturels. D'autres ³⁰ recherchent un contact plus humain, plus chaleureux dans le traitement. En effet, ces dernières années, alors que les médecins disparaissent des petits villages, les hôpitaux, qui manquent de moyens, n'arrivent pas à accueillir convenablement les patients.

Cela nous invite à nous poser la question suivante : soigner ³⁵ quelqu'un, est-ce juste donner un diagnostic et des médicaments ?

3) **Sécurité sociale** 大文字で始めて「社会保障」の意.
4) **y ont recours** 〈avoir recours à 〜〉で「…に頼る，…を用いる」. ここで y は何を受けるか考えてみること.

Ⅰ （　　　）内の語句を付け加えて次の各文を最上級の文に書き換えなさい.

1. Nice est une ville très animée. (de Provence)

   →

2. C'est un très bon restaurant chinois. (de cette ville)

   →

3. Catherine dessine très bien. (de la classe)

   →

Ⅱ 次の要素を並べ替えて文を作りなさい（文頭に来るものも小文字で始めてあります. 平叙文では文末に point をつけること）.

1. de / de / fille / il / l'avenir / ma / s'agit

2. de / dictionnaire / me / puis-je / servir / ton / ?

Ⅲ 次のフランス語の文がテキストの内容に一致しているものは○を，一致していない場合は×を［　］内に記入しなさい.

1. La France est un gros consommateur de médicaments et cette situation ne s'est pas améliorée. ［　］

2. En France, les médecines complémentaires les plus connues sont l'aromathérapie, la phytothérapie et l'homéopathie. ［　］

3. L'efficacité des médecines alternatives est prouvée scientifiquement. ［　］

Prenons un peu de hauteur... (少し別の角度で考えてみよう)

Est-ce qu'il y a une médecine alternative que vous voudriez essayer ? Pourquoi ?

試してみたい代替医療はありますか?　それはなぜですか?

14
quatorze

La refonte de l'ENA

RÉPUBLIQUE FRANÇAISE

——

INSTITUT NATIONAL
DU SERVICE PUBLIC

ＥＮＡの統廃合

　フランスのエリート養成学校である grandes écoles の中でも最高峰と
され，多くの政治家や高級官僚を輩出してきた ENA（École
nationale d'administration）に対しては，かねてから裕福な特権階級の専
有物になっているとの批判が根強くありました．出身者の１人であるマク
ロン大統領はこれを受けて，ついにこれを廃止することを決定し，2022 年
１月には新しい教育機関である INSP（Institut national du service
public，国立公務学院）に統合しました．1945 年の創立以来，戦後フラン
スの復興に大きく貢献してきた伝統校の消滅は大きな衝撃をもって受けとめ
られましたが，この統廃合によって本当に問題が解決するかどうかは今のと
ころ定かではありません．

14 La refonte de l'ENA

Il l'a bel et bien[1] fait : Macron a finalement annoncé en avril 2021 la suppression de l'ENA. Quatre présidents de la Vᵉ République[2], dont[11-4] Emmanuel Macron lui-même, et neuf Premiers ministres sont issus de cette école. Cependant, après la crise des Gilets Jaunes[8-5] en 2019 et les critiques adressées à la classe dirigeante, le Président de la République a décidé de la supprimer pour la remplacer par une nouvelle institution : l'INSP. Le but est de diversifier les profils des élèves, et de promouvoir une action publique plus proche des citoyens.

Les contestations envers l'ENA existent pourtant depuis longtemps. Dès les années 1960, des sociologues comme Bourdieu et Passeron[3] la critiquent en parlant de[4] reproduction sociale. Selon eux, les élèves des familles aisées entrent plus facilement dans les grandes écoles que ceux issus des milieux populaires.

Les statistiques semblent montrer qu'ils ont raison. En effet, depuis sa création, la tendance est nette : près de 70 % des anciens élèves sont des enfants de cadres. En 2019, il y a seulement un seul fils d'ouvrier sur 82 élèves ! Par ailleurs[3-5], les meilleurs élèves peuvent accéder directement aux postes les plus importants de l'État, selon le classement à la sortie de l'école. Ainsi, le mot

1) **bel et bien** 「本当に，完全に」の意の熟語.
2) **Quatre présidents de la Vᵉ République** Valéry Giscard d'Estaing, Jacques Chirac, François Hollande, Emmanuel Macron の4名.
3) **Bourdieu et Passeron** Pierre Bourdieu (1930−2002) と Jean-Claude Passeron (1930−) はいずれもフランスの社会学者で，共著に *Les Héritiers*（『遺産相続者たち』，1964）などがある.
4) **en parlant de** 〈parler de 〜〉は普通「…の話をする」の意だが，後ろに無冠詞名詞をともなうと「…という言葉を使う」の意になる.

« élite » prend peu à peu la signification négative de « classe dominante ».

Pour contourner ces critiques, l'ENA a poursuivi de nombreuses réformes. Par exemple, il y a le déménagement de l'école à Strasbourg en 2004. Le but est de se rapprocher des institutions européennes, comme le Parlement européen[5], mais aussi de permettre aux élèves de quitter Paris, et de connaître les réalités locales.

Quant à la réforme annoncée par Macron, une des mesures notoires est la suppression du classement de sortie. Les meilleurs élèves devront faire du terrain, comme les autres. De plus, d'autres types de concours vont être mis en place pour accueillir des étudiants de milieux défavorisés. Par ailleurs[3-5], les élèves vont suivre une formation commune avec les autres grandes écoles de la fonction publique.

L'accueil du public face à cette annonce est plutôt mitigé. Cela va-t-il[6] véritablement changer quelque chose, ou conduire à un lent délitement de l'élite ? L'INSP, qui a ouvert ses portes en janvier 2022, va devoir faire ses preuves.

. . . .

5) **Parlement européen** UE（Union européenne）の議会にあたる組織で，正式な本拠地は Strasbourg だが，年12回の本会議以外の活動（追加的な本会議や委員会の会合）はベルギーの Bruxelles で行われている.
6) **Cela va-t-il** 指示代名詞の cela を主語に立て，il で受けて複合倒置した構文.

Exercices

I 指示に従って次の各文を書き換えなさい.

1. J'ai vu ma tante <u>quand je suis arrivé à la gare.</u>

   （下線部をジェロンディフにして）→

2. <u>Si tu travailles un peu plus,</u> tu réussiras à ton examen.

   （下線部をジェロンディフにして）→

3. <u>Tout en étant intelligent,</u> il est très paresseux.

   （下線部を bien que で始めて）→

II 次の要素を並べ替えて文を作りなさい（文頭に来るものも小文字で始めてあります. 平叙文では文末に point をつけること）.

1. but / de / est / la / remporter / son / victoire

2. a montré / avions / le / nous / que / raison / résultat

III 次のフランス語の文がテキストの内容に一致しているものは○を，一致していない場合は×を〔　〕内に記入しなさい.

1. En 2019, Emmanuel Macron a annoncé que l'ENA allait être supprimée. 〔　〕

2. Implantée à Paris, l'ENA a déménagé à Strasbourg en 2004. 〔　〕

3. L'ENA a longtemps été critiquée, parce que la plupart des élèves sont des enfants d'élites. 〔　〕

Prenons un peu de hauteur... (少し別の角度で考えてみよう)

Est-ce que la discrimination positive est nécessaire ? Pourquoi ?

アファーマティブ・アクションは必要だと思いますか?　それはなぜですか?

15

quinze

Les monnaies locales complémentaires (MLC)

地域補完通貨

　国が発行する法定通貨とは別に，ある地域で独自に発行されて補完的に使用される通貨を「地域補完通貨」monnaie locale complémentaire と言います．先駆的な例は 1980 年代にカナダで導入された LETS（local exchange trading system，フランス語では SEL = système d'échange local）ですが，本文に出てくるベルギーの talent，スイスの WIR（WIR は「経済」を意味するドイツ語 Wirtschaft の略号），そして 2013 年にパリ郊外のモントルイユ Montreuil 市で発行され，その後イル゠ド゠フランス Île-de-France 全体に広がった pêche など，多数の例があります．日本でも埼玉県深谷市の chiica（チーカ）や香川県高松市の「めぐりん」（MEGURIN）などの例があり，今後も広がっていくかもしれません．

15 Les monnaies locales complémentaires (MLC)

quinze

Connaissez-vous les MLC, c'est-à-dire les monnaies locales complémentaires ? Certaines communes les utilisent parallèlement à la monnaie nationale : on trouve par exemple le talent en Belgique, le WIR en Suisse, ou encore la pêche en France, à Paris.

5 Dans l'Hexagone[1], on compte actuellement plus de soixante-dix MLC : leur nombre a augmenté depuis l'adoption de la loi Économie sociale et solidaire[2] de 2014.

Avec les MLC, on peut soutenir les producteurs de la région et le commerce de proximité : on renforce ainsi l'emploi local et on

10 consomme plus de produits locaux, en diminuant les transports longue distance[3]. Tout cela permet de protéger l'environnement et d'inciter les entreprises à devenir plus écologiques. Enfin, contrairement aux euros, qui sont souvent utilisés sur les marchés financiers, les MLC ont un véritable effet sur l'économie « réelle ».

15 Ainsi, dans le Pays Basque français[4], une bonne partie de la population utilise l'eusko[5]. Cette monnaie, née en 2013, est aujourd'hui acceptée par plusieurs centaines de commerçants, mais également par la mairie de Bayonne ! Aujourd'hui, plus de 3,8 millions d'euros circulent en eusko, grâce à l'association sans but

20 lucratif Euskal Moneta qui échange un euro contre un eusko.

....

1) **Hexagone**　フランスの本土が六角形に近い形をしていることからしばしば用いられる.
2) **loi Économie sociale et solidaire**　経済活動が利益追求に終始することを抑制し，公益事業 の民主的な運営による「社会的連帯経済」の支援・促進を目的とする法律.
3) **longue distance**　この形で形容詞的に用いられる. course longue distance（長距離競走）など.
4) **Pays Basque français**　フランス南西部の Pyrénées-Atlantiques 県に属するフランス領バスク 地方. 南側のスペイン領バスク Pays Basque espagnol と共に独自の文化圏を構成する.
5) **eusko**　バスク語で「バスク」の意. 複数形でも s はつけない.

Quand un commerçant reçoit des eusko, il peut choisir de les réutiliser chez un autre commerce qui accepte ce mode de paiement, ou bien de les changer en euros, mais avec 5 % de frais : ce système incite donc les gens à préférer la MLC.

L'eusko existe sous forme de billets papier de 1, 2, 5, 10 et 20 eusko. Comme on ne peut pas rendre la monnaie en euros, on peut combiner des eusko et des euros pour payer : par exemple, pour un article qui coûte 5,70 euros, on peut donner un billet de 5 eusko, puis 70 centimes (ou 1 euro). On peut également utiliser l'eusko numérique, grâce à la carte de paiement « euskokart » ou l'application « euskopay », qui permettent de payer exactement la somme demandée.

Quid de[6] la sécurité des MLC ? Ces monnaies sont bien sûr sécurisées avec différentes méthodes, mais en général, on ne trouve pas de fausses MLC, car ce n'est pas économiquement intéressant[7] d'en faire.

Solution économique et écologique, la MLC est aussi un choix politique : grâce à leur monnaie locale, les citoyens ont le sentiment qu'ils font vraiment partie d[(1-7)]'une même communauté et qu'ils partagent la même culture.

25

30

35

40

- -

6) **Quid de ~** quid は「何」の意のラテン語で、「…についてはどうか」.
7) intéressant ここでは「面白い」ではなく「利益になる」「得になる」の意

Exercices

Ⅰ 次の各文の下線部を問う疑問文を書きなさい.

1. Cette montre coûte 1 000 euros.

   →

2. Ils ont vendu leur maison parce qu'ils avaient besoin d'argent.

   →

3. Je suis venue ici en métro.

   →

Ⅱ 次の要素を並べ替えて文を作りなさい（文頭に来るものも小文字で始めてあります. 平叙文では文末に point をつけること）.

1. beaucoup / Belges / bière / consomment / de / les

2. bonne / catholiques / des / Italiens / partie / sont / une

Ⅲ 次のフランス語の文がテキストの内容に一致しているものは○を, 一致していない場合は×を〔　〕内に記入しなさい.

1. À Paris, on peut utiliser des fruits comme la pêche ou l'abricot pour payer. 〔　〕

2. Les MLC permettent d'encourager l'écologie et l'économie locale. 〔　〕

3. Au Pays Basque, on peut payer en utilisant à la fois des eusko et des francs. 〔　〕

Prenons un peu de hauteur... （少し別の角度で考えてみよう）

Est-ce que les monnaies locales complémentaires pourraient être un atout pour redynamiser les collectivités locales au Japon ? Pourquoi ?

地域通貨は日本での地域おこしの切り札になりえると思いますか？　それはなぜですか？

参考資料

1. フランスの地図

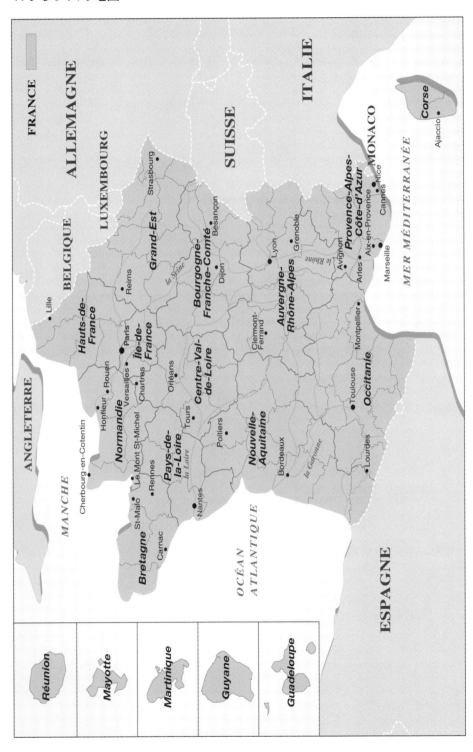

2. パリの地図

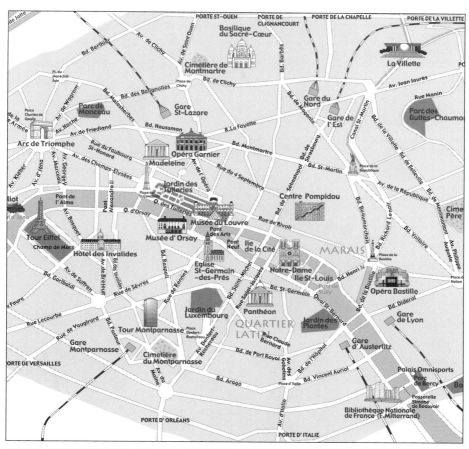

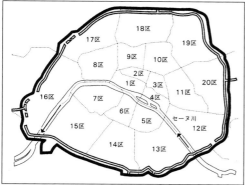

3. EU 加盟国とユーロ

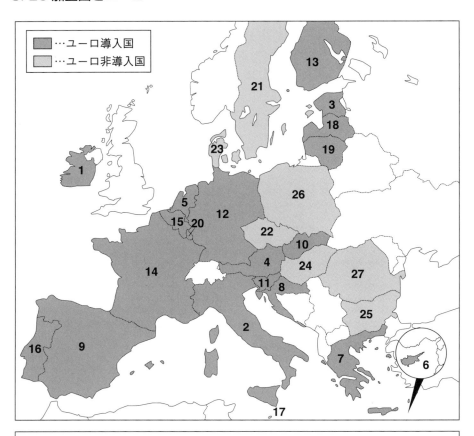

凡例	
■	…ユーロ導入国
□	…ユーロ非導入国

加盟国

1. アイルランド　　2. イタリア　　3. エストニア
4. オーストリア　　5. オランダ　　6. キプロス
7. ギリシャ　　　　8. クロアチア　9. スペイン
10. スロバキア　　11. スロベニア　12. ドイツ
13. フィンランド　14. フランス　　15. ベルギー
16. ポルトガル　　17. マルタ　　　18. ラトビア
19. リトアニア　　20. ルクセンブルク

21. スウェーデン　22. チェコ　　　23. デンマーク
24. ハンガリー　　25. ブルガリア　26. ポーランド
27. ルーマニア

（2023年現在）

4. フランスの教育制度

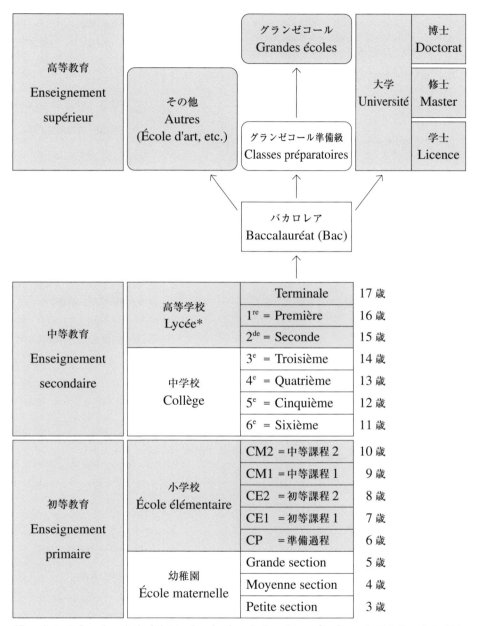

		Terminale	17 歳
	高等学校 Lycée*	1re = Première	16 歳
		2de = Seconde	15 歳
中等教育 Enseignement secondaire		3e = Troisième	14 歳
	中学校 Collège	4e = Quatrième	13 歳
		5e = Cinquième	12 歳
		6e = Sixième	11 歳
		CM2 = 中等課程 2	10 歳
	小学校 École élémentaire	CM1 = 中等課程 1	9 歳
初等教育 Enseignement primaire		CE2 = 初等課程 2	8 歳
		CE1 = 初等課程 1	7 歳
		CP = 準備過程	6 歳
	幼稚園 École maternelle	Grande section	5 歳
		Moyenne section	4 歳
		Petite section	3 歳

*Lycée には Lycée général (et technologique), Lycée professionnel があり、それぞれ
カリキュラムや受けるバカロレアの科目が異なる.

5. フランス史略年表＋日本の主な出来事

		794	平安京遷都
800	シャルルマーニュ、西ローマ帝国皇帝となる		
987	ユーグ・カペー即位 ／ 首都パリ		
1096	第1回十字軍 Première croisade（〜 1099）		
		1167	平清盛、太政大臣となる
		1338	足利尊氏、室町幕府を開く
1339	英仏百年戦争始まる Guerre de Cent ans（〜 1453）		
1429	ジャンヌ・ダルク、オルレアンを解放		
1431	ジャンヌ・ダルク、英軍により焚殺される		
		1549	キリスト教伝来
1562	宗教（ユグノー）戦争始まる（〜 98）		
1572	聖バルテルミーの虐殺		
	［ブルボン王朝の始まり］	1590	豊臣秀吉、全国統一
1598	アンリ4世、ナントの勅令で信教の自由を認める		
		1603	徳川家康、江戸幕府を開く
1661	ルイ14世の親政始まる		
1682	宮廷がヴェルサイユに移る		
1789	フランス革命 Révolution française 始まる		
1792	王権停止 ／ 共和政宣言［第1共和政］		
1793	ルイ16世、マリー・アントワネット処刑		
1804	ナポレオン、皇帝となる［第1帝政］		
1814	ナポレオン退位 ／ ルイ18世即位［王政復古］		
1830	7月革命 ／ ルイ・フィリップ即位［7月王政］		
1848	2月革命 ／ ルイ・ナポレオン、大統領となる［第2共和政］		
1852	ナポレオン3世即位［第2帝政］		
		1853	ペリー、浦賀に来航
		1854	日米和親条約
1855	第1回パリ万博		
		1867	大政奉還
1870	普仏戦争（〜 71）／ 敗戦によりアルザス・ロレーヌ割譲		

1871	パリ・コミューン Commune de Paris 成立［第 3 共和政］		
		1889	大日本帝国憲法発布
		1894	日清戦争
		1904	日露戦争
1914	第 1 次世界大戦 Première Guerre mondiale 始まる（〜 18）		
		1923	関東大震災
1939	第 2 次世界大戦 Seconde Guerre mondiale 始まる（〜 45）		
1940	パリ陥落		
1944	シャルル・ド・ゴールによる臨時政府樹立		
		1945	日本敗戦
1946	［第 4 共和政］		
		1956	国際連合に加盟
1958	［第 5 共和政］		
1959	ド・ゴール、大統領となる		
1968	5 月革命		
1969	ジョルジュ・ポンピドゥー、大統領となる		
		1972	沖縄返還
1974	ヴァレリー・ジスカールデスタン、大統領となる		
1981	フランソワ・ミッテラン、大統領となる		
1993	欧州連合 EU 発足		
1995	ジャック・シラク、大統領となる	1995	阪神・淡路大震災
2002	単一通貨 euro の流通開始		
2007	ニコラ・サルコジ、大統領となる		
		2009	民主党政権発足
		2011	東日本大震災
2012	フランソワ・オランド、大統領となる		
2017	エマニュエル・マクロン、大統領となる		
		2021	東京五輪

6. フランス語圏の地図

[ヨーロッパ]
　フランス France, ベルギー Belgique, ルクセンブルグ Luxembourg, スイス Suisse, モナコ Monaco など。

[北アメリカ]
　ケベック Québec（カナダの州）, ルイジアナ Louisiane（アメリカ合衆国の州）など。

[カリブ・中央アメリカ・南アメリカ]
　グアドループ Guadeloupe, マルチニック Martinique, ギアナ Guyane（以上フランス海外県）, ハイチ Haïti など。

[アフリカ]
　アルジェリア Algérie, モロッコ Maroc, チュニジア Tunisie, カメルーン Cameroun, コートジボワール Côte-d'Ivoire, セネガル Sénégal など。

[東南アジア]
　カンボジア Cambodge, ラオス Laos, ヴェトナム Viêt-nam など。

[インド洋]
　マダガスカル Madagascar, モーリシャス Maurice, マヨット Mayotte（フランス海外県）, レユニオン Réunion（フランス海外県）など。

[オセアニア]
　ニューカレドニア Nouvelle-Calédonie, 仏領ポリネシア Polynésie française（ともにフランス海外領土）など。

7. 数字

1	un(une)	6	six	11	onze	16	seize
2	deux	7	sept	12	douze	17	dix-sept
3	trois	8	huit	13	treize	18	dix-huit
4	quatre	9	neuf	14	quatorze	19	dix-neuf
5	cinq	10	dix	15	quinze	20	vingt

21	vingt et un	60	soixante	90	quatre-vingt-dix
22	vingt-deux	70	soixante-dix	91	quatre-vingt-onze
	⋮	71	soixante et onze		⋮
30	trente		⋮	100	cent
40	quarante	80	quatre-vingts		
50	cinquante	81	quatre-vingt-un		

101	cent un	1 000	mille	100 000	cent mille
350	trois cent cinquante	10 000	dix mille	1 000 000	un million

1789　mille sept cent quatre-vingt-neuf
1945　mille neuf cent quarante-cinq
2016　deux mille seize

1er (1re)	premier (première)	XXe=20ème	(vingtième)
2^e	deuxième	Charles VII	(sept)
3^e	troisième	Louis XIV	(quatorze)
	⋮		

❖ 新しい綴り字について ≫ _____

　フランスの国民教育省が2016年に導入した「新しい綴り字」la nouvelle orthographe にはいくつかの原則がありますが，ここでは学習者にとって特に関係が深いと思われる6つの項目についてその概要を記しておきます．なお，これらはあくまで推奨される綴りであり，従来の綴りも並行して用いられていますので，その点に注意してください．

1 数を表す綴りはすべてトレ・デュニオン trait d'union (-) でつなぐ.

〔例〕

数字	従来の綴り	新しい綴り
21	vingt et un	vingt-et-un
108	cent huit	cent-huit
312	trois cent douze	trois-cent-douze
1061	mille soixante et un	mille-soixante-et-un
2020	deux mille vingt	deux-mille-vingt

2 本来の発音原則と異なるアクサン・テギュ accent aigu をアクサン・グラーヴ accent grave に替える.

〔例〕

意味	従来の綴り	新しい綴り
乳製品店	crémerie	crèmerie
できごと	événement	évènement
規制する	réglementer	règlementer
より好む（単純未来形）	je préférerai	je préfèrerai *

＊ céder, célébrer, inquiéter, répéter などの動詞についても同様. また，条件法現在形についても同様.

3 i と u の上のアクサン・シルコンフレクス accent circonflexe は原則として省略する.

〔例〕

意味	従来の綴り	新しい綴り
8 月	août	aout
箱	boîte	boite
夕食（をとる）	dîner	diner
味・趣味	goût	gout
燃やす	brûler	bruler
値段が～である	coûter	couter
知っている（connaitre・3・単）	il connaît	il connait *
～の気に入る（plaire・3・単）	il plaît	il plait

＊ naitre, paraitre などの動詞についても同様. また，単純未来形，条件法現在形についても同様.

＊＊ dû, mûr, sûr のように，アクサンを取ってしまうと別の単語と混同される可能性のある場合はそのまま.

4 -gu の後につく e と i の上のトレマ tréma を u の上に移動させる.

〔例〕

意味	従来の綴り	新しい綴り
尖った, 鋭い	aiguë	aigüe
あいまいな	ambiguë	ambigüe
あいまいさ	ambiguïté	ambigüité

5 -eler -eter で終わる動詞の活用形で子音字を重ねるものは, 子音字を重ねずに直前の e にアクサン・グラーヴをつける. 名詞も同様.

〔例〕

意味	従来の綴り	新しい綴り
積み上げる	j'amoncelle	j'amoncèle
更新する	je renouvelle	je renouvèle
更新	renouvellement	renouvèlement

* ただし, 子音字を重ねる綴りが常用化している appeler（呼ぶ）, jeter（投げる）などの
動詞については従来通り.
je m'appelle, il jette, etc.

6 変則的な綴りを発音規則に合わせて標準化する. 2 種類の綴りが併用されている
単語は標準的な方に統一する.

〔例〕

意味	従来の綴り	新しい綴り
玉ねぎ	oignon	ognon
鍵	clé, clef	clé
スプーン	cuiller, cuillère	cuillère

参考文献：ミシェル・サガズ, 常盤僚子著『フランス語新つづり字ハンドブック』（2018 年, 白水社）

時事フランス語　2024年度版

検印
省略　　Ⓒ 2024年 1 月 15 日　初版発行

編著者　　　　　　　　　石　井　洋　二　郎
　　　　　　　　　　　　野　崎　夏　生
　　　　　　　　　ジョルジュ・ヴェスィエール

発行者　　　　　　　　　小　川　洋　一　郎
発行所　　　　　　株式会社　朝　日　出　版　社
　　　　　　101-0065 東京都千代田区西神田3-3-5
　　　　　　　　　　電話（03）3239-0271・72
　　　　　　　　　　振替口座　00140-2-46008
　　　　　　　　　　http://www.asahipress.com
　　　　　　　　　　信毎書籍印刷㈱